JN440240

아버님 전상서

아버님 전상서

초판 1쇄 인쇄일 2020년 1월 03일
초판 1쇄 발행일 2020년 1월 10일

지은이 송윤규
펴낸이 양옥매
디자인 임흥순 송다희
표지 그림 하종국

펴낸곳 도서출판 책과나무
출판등록 제2012-000376
주소 서울특별시 마포구 방울내로 79 이노빌딩 302호
대표전화 02.372.1537 **팩스** 02.372.1538
이메일 booknamu2007@naver.com
홈페이지 www.booknamu.com
ISBN 979-11-5776-830-1 (03800)

이 도서의 국립중앙도서관 출판예정도서목록(CIP)은
서지정보유통지원시스템 홈페이지(http://seoji.nl.go.kr)와
국가자료종합목록시스템(http://www.nl.go.kr/kolisnet)에서 이용하실 수 있습니다.
(CIP제어번호: CIP2020000134)

아버님 전상서

송윤규 시집

책과나무

시인의 말

나의 시들이 고맙다.
아픔과 외로움과 다짐과 그리움의 산물인지라
대할 때마다 후회와 슬픔이 없는 것은 아니지만
그때, 그때마다 나를 위로해 준 것도
너희들이었다.
그래서 나의 못난 기록에 다가오는
어느 소중한 독자에게도
네가 따뜻한 위로가 되어 주었으면 좋겠다.

2020년 1월
송윤규

차례

2부 아버님 전상서

3부 님의 침묵

4부 바람이 사는 마을

1부

까만 밤이 덮어 버린
정류장에 남아
뒹구는 낙엽 하나에 세상살이
뒹구는 낙엽 하나에 어머니
뒹구는 낙엽 하나에 그리움
또 그리움

버스를 타고

달집

불모산 어깨

푸른 호수를 품은 보름달

상리 개울가 작은

달집

볏짚 둥근달

성냥불

불이야

불이야

어머니는 무엇을 빌었을까

까만 재 속

붉은 심장이 손을 놓을 때까지

어머니는 빌었다

정월대보름

우리 어머니 기도하는 날

무엇을 빌었는지 궁금하지 않을

세월이 흘러

나는 미안하다

나는 죄송하다

어머니의 기도를 이루어 드리지 못한 나는

사월초파일

사월초파일은
어머니 기도를 좇아가는 날
창원 봉곡암 일천계단 올라가
글자를 모르는 어머니는
6남매 이름 꾹꾹 눌러 적은
아버지의 기원을 내밀고
빨간 연등, 하얀 꼬리를 매달아 주셨다
마산만 끝자락 파란 바람길 따라
수천 개의 자식 이름들이 하늘 가득
사르락사르락
돌아오는 사월초파일마다 나는
어머니의 기도를 좇아간다

금산에서

금산에 서면
핏줄 속으로 전설이 몰려온다
육지 속으로 기어이 바다가 들어오고
나는 두 발 달린 짐승이 되어
한사코 걸어 나왔다
굽이굽이 바닷길 따라 가다
어느새
내가 네가 되는 희한한 세월
금산에 서면
배를 감싸고 산통하는 어미가 보인다
그 속에서 삐딱거리는 내가 보인다

낮달

낮달이 뜨는 날에는
눈이 시리다
뒤숭 뒤숭하게 뚫려버린 네 가슴에
천치 같은 하늘이 들어와 박히고
낮달이 뜨는 날에는
어머니의 뒷모습을 훔쳐버린
소년의 가슴에도 슬픈 바람이 지나간다

버스를 타고 1

보름달 빛이 밝을 때는
버스를 타자

까까머리 친구들, 하얀 칼라에
지지배배 소문이 묻어 나오던 그 버스를 타고

그리운 어머니에게로 가자

낙엽이 뒹굴다 끝내 울어 버릴 때는
버스를 타자

오손도손 모인 사람들 속으로 뛰어들어

똑같은 체온과

똑같은 양의 호흡을 확인하면서

그리운 어머니에게로 가자

버스를 타고 2

모퉁이 모퉁이 돌고 돌아

집으로 가자

졸기도 하고

지절대기도 하고

하차하는 소녀의 뒷모습을 아쉬워하기도 하고

그렇게 집으로 가자

그리고

그리웠다고 말하자

세월에 지쳤다고 말하지 말고

세상살이가 너무 힘들었다고 말하지 말고

그냥 눈물이 났었다고 말하자

어머니 같은 세상 없어

버스를 타고 싶었다고 말하자

버스를 타고 3

어머니, 버스정류장에는 오늘도
깜박이는 눈빛으로 가득합니다
희미한 불빛을 좇아 달려가는 사람들
31번 버스가 되고
32번 버스가 되고
23번 버스가 되어
그들은 약속처럼 집으로 갑니다 나는
한 발, 두 발
한 발, 두 발 서성거리다가
까만 밤이 덮어 버린 정류장에 남아
뒹구는 낙엽 하나에 세상살이
뒹구는 낙엽 하나에 어머니
뒹구는 낙엽 하나에 그리움 또 그리움
나의 어머니는 하늘에 계십니다

버스를 타고 4

저들과 똑같이 서성거리다가
저들과 똑같이 몰려가
저들과 똑같이 빈자리를 찾다가
저들과 똑같이 졸다가
저들과 똑같이 꼬리를 떼고
저들과 똑같이 집으로 가고
저들과 똑같이 어머니를 부르고
저들과 똑같이 어머니를 부르고

10월의 장미를 노래함 1

우리 집 아파트 정원에
장미 하나 피었습니다 10월인데
전에는
그냥그냥 많이 피는 줄 알았습니다

녹슨 줄기에
붉은 이파리 하나 밀어내고
붉은 봉오리 하나 밀어내고
10월인데
막내를 뽑아 올렸습니다

전에는
핏덩이로 태어나는 줄 몰랐습니다

10월의 장미를 노래함 2

10월에 피는 장미는
혼자다
오래오래 지켜보는
어머니의 기도다

타지(他地)에 갔다가

부드러운 흙아
내 발자국을 보니 깊이가 얕구나
무게가 줄었나 보다

타지에 갔다가
몸만 왔단다

변함없는 들아
너희들 풀만 무수히 흔들어 놓는구나
발에 긴 줄을 달았나 보다

타지에 갔다가
몸만 왔단다

높이 있는 산아

오늘은 너를 안을 수가 없구나

타지에 갔다가

몸만 왔단다

소읍(小邑)에서

소읍(小邑)의 하늘이 바쁘다

어지럽다

시끄럽다

붉은 노을이 떠나간 자리에

지지배배- 찌찌빼빼-

저놈들 연애질에

농촌 총각 멍들겠다

홍해 두루미

네가
흰 옷을 입고 점잖게 걸어도
한 발로 고고하게 서 있어도
나는 안다
넓은 들판에 홀로 유유자적하는 네 놈의 속을

사랑

그와 함께하지 못한 시간들이
자꾸 나를 재촉합니다
사랑은 함께 걸어가고
사랑은 함께 웃고
사랑은 함께 울고
아주 단순한 씀씀이라는 것을
그가 떠난 뒤에 깨닫습니다

당신을 기다리며

당신을 기다리는 것은
나의 과거와 미래입니다
한 대가 가고
두 대가 가고
열 대가 가기도 하겠죠 그러나
당신을 기다리는 것은
시간의 문제가 아닙니다
다른 곳에서
다른 시간 속에서
내가 그랬던 것처럼
바람도 맞았고
비도 맞았고
햇볕도 맞았던

또 다른 나를 맞이하는 것입니다
약속된 시간보다
한 시간
하루
한 해
어쩌면 그 이상으로 빨리 나와서
푸른 하늘에 시선을 고정하는 것은
내가 모르는 곳에서
소녀가 되고
당신이 모르는 곳에서
소년이 되어 버린
우리의 꿈을 세어 보는 것입니다
그래서 당신을 기다리는 것은

나의 반쪽을 찾는 것이 아니라
오래전부터 너를 살았던 사람이
오래전부터 나를 살았던 당신을
까닭 없이 맞이하는 거룩한 의식입니다

얼굴

끊어진 낙동강 철교 밑에
붉은 노을이
내려와 있었는데

금방(今方)
얼굴이 하나
웃고 있네

구름인가 싶어
얼른
올려 보았는데

기러기 떼

붉게 날고 있네

꼬리를 길게 늘이고

석양

동해의 떠오르는 찬란한 태양
이글거리며 하루를 걷다
비학산(飛鶴山) 허리에
메운 맛으로 걸리다

오늘 하루도 힘들었던 게지

어떤 이별

너의 이름은 붉은 무지(無智)
가난한 주인을 만나
10년을 썩었구나
너의 가슴을 보며 슬펐다 기워도
회복될 수 없는 긴 세월

우리는
가슴과 가슴을 맞대고 살았다
너의 붉은 빛깔만큼 우리의 날들은
넘어지고
깨어지고
잃어버리고
그렇게 살았다

우리는 닮았다

가난한 것도 닮았고

남들처럼 살지 못하는 것도 닮았다

속으로 울고

속으로 터지는 것도 닮았다

작은 비누칠에도 쭈욱 찢어지는 네 가슴

우리가 동행했던 날들이 길었구나

우리가 맛보아야 했던 세월이 아팠구나

친구여

그래도 자네는 행복하리

식어진 가슴을 맛보지 않고 가는

자네는 행복하리

보리수

빨간 입술을 탐내는 놈은
나 혼자가 아니다
곱게 익은 보리수 열매 아래
뱁새 한 놈이 몰래 들어와
주둥이를 바쁘게 놀린다
얄미운 입술은
그놈 속을 아는지 모르는지
치맛자락 폴폴 날리며 그네를 탄다
주인 없는 효리(孝里) 하늘 아래
불청객 두 놈이
빨갛게 타들어 간다

꽃

꽃 피네
산에
들에
그리움 없이
피는 꽃은 없나니
내 속에
네 속에
아픈 세월 없이
피울 꽃은 없나니
산에
들에
꽃 피네

제 나이 스물넷
효도할 기회도 주시지 않고
너무 일찍 할아버님 곁으로
가신 겁니다
어린 아들의 손을 이끌고
선산에 오르셨던
아버님 나이가 되어서야
선명하게 들려옵니다

2부

아버님 전상서

2018
Hajongkuk

채송화 정원

상리 개울가
한 그루 버드나무 아래
빨간 머리, 노란 머리
하얀 머리 넘어 나오던 채송화 정원에는
방에서 쫓겨난 책상 의자 하나
마누라 없는 사위가 깎아 준
장복산 노간주나무 지팡이 하나
그리고 말년의 아버지
고향이 좋아 고향에 살다
고향 선산에 누우시다
여름마다 채송화는 피고 지고
버들은 더 깊은 그늘을 내건만
상리 개울가 빈 의자에는

채송화 노란 꽃물만 쌓여 가네

라마순

라마순이 온다
필리핀에서 대만, 일본, 한반도까지
소문이 험하다
초대형이다

태풍은 그렇게 남천 방둑을 갉아먹고
홍수가 났다
우리는 수재민 이름 하나씩 붙이고
빵과 라면을 배급받았다 그리고
먼 산허리
월림 큰이모 집으로 피난을 갔다

누런 홍수 위에
까만 어둠이 무섭게 내리고
전봇대 옆 초가에 홀로 남으신 아버지
아이들이 떠난 방둑에는
노란 별들이 내려와 재잘거리고 있었다

라마순은 남도 끝자락에 걸쳤다
천안까지 밀어붙이지 못하고
긴 다리만 하나 걸쳐 놓고 흩어졌다

벌초

장마철이 지났다

베어야 할 잡풀들이 한 짐이다

모르는 놈들이 아니다

벌써 26년째

해마다 낫질 아래서 만나는

떼, 억새, 띠, 가시, 칡넝쿨

올해도 나는 벨 것이다 그러나

짠하다

정이 든 것일까

영천휴게소

억세게 달려온 하나, 하나

허리춤 풀고

영천 임고 맑은 하늘에

구름도 쉬어 가

차도 쉬어 가

나도 쉬어 가

아버님 전상서 1

아버님 태풍입니다 누워 계신 자리는 어떻습니까 저희들은 언덕 위 아파트 5층이라 걱정 없습니다 아버님께서 보내 주신 서신은 잘 보관하고 있습니다 20년이 지났지만 아버님의 기침은 깊어만 갑니다 손바닥만 한 편지지에 아버님이 건강하시고 집안이 두루 평안하니 군 복무에만 힘써라 하셨지요 휴가 길에 죽전시장에 들러 두충나무 한 아름 사서 귀가하는 길이 참으로 길었지 않았습니까 아버님이 계시지 않는 상리가 걱정입니다 지붕마다 새끼줄 가로지르고 벽돌을 주렁주렁 달지 않아도 되겠습니까 성난 개울물은 지키지 않아도 되겠습니까 산소의 잔디들이 잘 견디어 주어야 할 텐데 멀리 있어 죄송합니다 아버님께서 남겨 주신 말씀은 늘 마음에 새겨 두고 있지만 내 가족을 행복하게 하는 데 얼마나 득이 되는지 제 나이 마흔하나인 지금도 잘 모르겠습니다 남들과 싸우지 않고 어떻게 부자가 되겠습니까 형제간에 우애 있게 지내라 하셨지만 그것도 욕심대로 되지 않는 것 같습니다 아버님은 어머님이 곁에 계셔서 행복하십니까 아들은 어머님께 죄송합니다 절대로 송가 산에 묻지 말라 여러 번 당부하셨는데 그렇게 해 드리지 못했습니다 죽어서까지 송가들에게 구박당하지 않겠다는 어머님의 마음을 알면서도 아버님 곁에 모시고 말았습니다 사랑도 미움도 살아가는 자들의 몫이라 그렇게 믿었습니다

아버님 전상서 2

시커멓게 밑동 속을 내어 준 늙은 아카시가 피우는 비릿한 내음으로 가득 찬 상리 그 개울을 건널 때쯤에는 부끄러움도 가난도 잊었습니다 하얀 개울물로 발갛게 달아오른 볼을 씻어 내는 손만큼이나 마음도 바빴지요 또래의 주인집 딸이 넘치도록 부어 준 마산공동탁주 소년은 오늘도 외상이라 누런 주전자를 받아 들고 도망치듯 그 집을 나왔습니다 집과 집으로 집과 밭으로 집과 논으로 이어진 돌담길을 빠져나올 때 난 외상술을 먹지 않으리라 다짐도 하였습니다 아버님의 자랑처럼 공부 잘하는 아들은 아버님과 다르리라 그렇게 믿었습니다 세월이 얼마나 흐른 것일까요 도대체 무슨 일이 일어났던 것일까요 소년이 또 다른 아버지가 되어 오늘을 살고 있습니다 아버님의 탁주를 훔쳐 먹으며 술을 알아 버린 아들이 오늘따라 아버님의 그 탁주가 그리워 동네 국밥집을 기웃거리다 용기를 내었습니다 불로막걸리 2천 원 만둣국 4천 원 6천 원으로 차린 술상 앞에서 아버님을 추억합니다 육 남매의 가난한 아버지로 사시느라 얼마나 힘이 드셨습니까 아버님의 마산공동탁주가 그립습니다

아버님 전상서 3

지난밤에는 많이 추웠나 봅니다 코가 막히고 재채기가 일어 눈을 떴습니다 아버님 계신 상리에도 겨울이 왔겠죠 자주 찾아뵙지 못해 죄송합니다 그래도 어머님과 함께 계시니 다행이다 싶습니다 젊은 날 상리의 최고 일꾼이셨다는 아버님 쉰넷 연세에도 창원시 풀베기대회 웅남동 대표로 가셔서 3등을 하셨지요 상리의 아버님은 그렇게 강건하셨는데 쉰여덟 연세에 조상님의 나라로 가셨습니다 새벽마다 벽을 뚫고 화살같이 날아와 아들의 어두운 방 안 가득 쌓여 갔던 아버님의 핏빛 기침 회복되지 않는 아픔에 아들의 심장도 죄스럽게 뛰지 않았습니까 아직 어두운데 딸들이 일어나 이거저거 만지더니 가방을

메고 나갑니다 이불을 박차고 현관까지 쫓아가 뽀뽀를 받고 학교에 보냈습니다 아버님 저 아이들은 훗날 자기 아버지를 어떻게 추억할까요 더 많이 사랑하고 더 많이 아껴 주지 못한 것이 마음이 아픕니다

아버님 전상서 4

노란 별들이 어지럽게 재잘거리던 새벽 방둑을 떠나 상리로 향했던 설날을 기억합니다 작은 아버님이 도깨비를 만나 도망쳤다는 월림 뒷산 절벽 위를 건널 때에는 아버님의 까만 두루마기를 꼭 잡고 갔지요 산을 넘고 논둑을 타고 20리는 갔을까요 큰집의 큰집 첫 제사에 도착했을 때는 환한 아침이었습니다 황토 넓은 마당에 누런 멍석이 셋 절을 하기 위해 나란히 늘어선 줄이 셋 첫줄 오른쪽 끝 제 오른쪽에 섰던 또래의 아이가 정리 아제의 큰아들로 기억합니다 까만 돌담과 돌담으로 이어진 집집을 돌아 점심때가 지나서야 끝이 났지요 그리고 선산에 올라 여기가 할아버지 묘란다 저 아래가 작은할아버지 묘

란다 잊지 말고 자주 와야 한다 하셨지요 그때 제 나이 아홉이었습니다 빨간 속살을 살짝 드러낸 산소가 무서워 아버님 곁에 붙어 있지 않았습니까 조상님을 알기에는 여전히 어렸던 제 나이 스물넷 효도할 기회도 주시지 않고 너무 일찍 할아버님 곁으로 가신 겁니다 어린 아들의 손을 이끌고 선산에 오르셨던 아버님 나이가 되어서야 선명하게 들려옵니다 잊지 말고 자주 와야 한다 잊지 말고 자주 와야 한다

아버님 전상서 5

그때는 몰랐습니다 봄비가 지나가고 개울의 물소리가 성큼성큼 대문 없는 대문을 넘어올 때 조용히 두 눈 감으신 아버님 누워 계신 큰방에는 우리 육 남매가 나란히 있었습니다 진해 작은아버님이 문턱에 걸터앉아 계시면서 산소호흡기를 뗐지요 마루에는 어머님과 숙모님이 마당에는 이웃들이 개울 물소리와 함께 출렁거리고 있었습니다 곡소리로 배웅할 때 아들의 가슴속에서 아버님의 삶이 참으로 아팠습니다 아들은 다르게 살리라 다짐도 했습니다 세상이 변해서일까요 아버님 나이가 다가와서일까요 상리의 그날이 부러움으로 다가옵니다 가족과 함께 형제와 함께 이웃과 함께 집안과 함께 상리의 모든 것과 함께 삼일장을 했지요 아버님이 떠나시고 상리는 개발이라는 이름으로 철거를 당했습니다 상리가 좋아 상리로 돌아와 상리의 마지막을 함께하신 겁니다 그러나 아들은 아버님처럼 형제간에 우애 있게 지내지도 못했습니다 고향이 좋아 고향에서 뿌리내리고 살지도 못했습니다 대구 어느 동네에서 14년을 살고 있지만 누가 나의 삶을 기억해 줄까요 누가 나의 죽음을 슬퍼해 줄까요 가난했던 아버님 인생을 원망하며 더 멀리 더 크게 좇아갔던 아들이 용서를 구합니다

봄, 다시 봄

오빠야, 오빠야 우리 오빠야

오빠야가 네 명이나 되었는데 이제는 하나도 없네

셋째 고모가 들어와 통곡한다

이른 여섯의 작은아버지가 폐암으로 돌아가셨다

5남 4녀의 형제분들 중 아들만 순서대로 네 번째

아흔의 큰고모가 들어오실 때

젊은 형제들 젊은 사촌들 젊은 조카들이 우루루 마중 나가는

진해 세명병원장례식장 특2호실

이놈을 족보에서 빼야 한다

지 아버지 가는 길에 절을 안 해
우리 집안에 예수쟁이가 무슨 말이고
은진 송씨 첨사공파 창원시 상복동 종중 25대 종손
큰당숙이 마루 끝에 앉아 부조 명단을 넘기며
셋째 상주를 끌어내라 외치는
28년 전 어느 봄날
삼베옷을 입고 죄인의 지팡이를 짚고
또 다른 죄가 더하여
낮과 밤을 밤과 낮을 문상객이 올 때마다
아이고 아이고 곡으로
상리 개울 소리까지 덮어야 했다
무릎이 보이는 양장을 하고

플라스틱 이름표를 가슴에 단
낯선 아주머니가 차려 주는 밥상
온기 없는 돼지 보쌈 한 점 입에 넣고
삼삼오오 테이블에 모여앉아
눈을 맞추고 입을 맞추고 손을 맞추는
형제들 동서들 조카들 사촌들
장례식장의 밤은 죽은 자를 뒤로한 채
요란하게 깊어 간다
창원시립화장장 2호기
지울 것은 지우고
끝까지 남겨진 하얀 뼛조각 몇 개
믹스기에 들어가 가루가 되고
한 되 되는 오동나무 통에 담겼다

상여가 나가던 그 새벽

상여가 올라간 그 개울 길

할아버지와 아버지와 아들이

누런 소를 몰고 다녔던 그 길을

아버님은

조카들의 어깨에 업혀서 선산으로 가셨다

다시 따스한 봄날

없는 듯이 안 하는 듯이

아들의 품에 숨어서 몰래 개울을 건너다

조상님의 나라가 또 한 번 왁자지껄하겠다

3부

억척스럽던
여름의 해가 기울고
다시 그림자가 길어져 갈 때
엎드린 바닥의 누런 자국 위로
서럽고 무섭던
긴 날들이 지나가더이다

님의 침묵

2018
Hajongkuk

님의 침묵

사랑하는 당신은 어디에 계십니까
예배당에도 없고 거리에도 없습니다
지나가는 사람들은 나에게 말하기를
헛되다 헛되다 조롱하며 비웃습니다
어둠에 쫓기는 아이처럼
울기도 하고 보채기도 하고
나의 구원되시는 이름을 불렀습니다
혹시 꿈길에 찾아오시나 싶어
깨는 잠도 꽁꽁 묶어 두었습니다
속을 모르는 아침 해는
높이 높이만 올라가더이다
당신이 숨어 버린 긴 여름날 나는
제 몸짓에 놀라 소스라치는

차라리 한 잎 낙엽으로
당신의 손길을 소망하였습니다
당신의 은총을 소망하였습니다
억척스럽던 여름의 해가 기울고
다시 그림자가 길어져 갈 때
엎드린 바닥의 누런 자국 위로
서럽고 무섭던 긴 날들이 지나가더이다

소망

나에게
작은 소망이라도 있다면
그것은
당신이 맑은 미소로 나를
바라보아 주었기 때문입니다
나에게
작은 힘이라도 있다면
그것은
당신이 고개를 끄덕이며 나를
들어 주었기 때문입니다
나에게
작은 열정이라도 있다면
그것은

당신이 못자국 난 손으로 나를
용서하여 주었기 때문입니다

그러나, 나는 너무 멀리 있습니다

序詩

원망도 하였지만
너는 가시 그대로 있으라
너는 훈련대장 그대로 있으라

그 가시에 찔려
흐르고 또 흐르리라
하얀 찔레꽃으로 피어나리라

원망도 많았지만
너는 가시 그대로 있으라
너의 사랑 방식 그대로 있으라

월송정(月松亭)에서

솔은 나더러
푸르러라 하네
가고 가고 끝없이 가는 수평선 되어
버리라 하네

솔은 나더러
둥근달 닮아 가는 숲이 되어라 하네
어우러져 함께 살아가는
동무가 되어라 하네

솔은 나더러
수다스러운 파도의 벗이 되어라 하네
빰을 때리고 달아나는
모래바람의 이웃이 되어라 하네

가을날 가리라

나 하늘 길 맑은 가을날 가리라
사방으로 눈부시는 무대 위에 선 나는
아무 노래라도 좋으니
고래고래 소리 지르며
등실등실 춤추며 가리라
나 하늘 길 짧은 가을날 가리라
가난하여 아무것도 더 해 준 것은 없지만
그래도 어떠랴
가을은 이토록 풍성한 것을
나 하늘 길 넓은 가을날 가리라
아비 노릇 하기에도 벅차 잊고 산 그 아비가
누런 들판 따가운 햇살 사이로
밀짚모자 슬그머니 벗겨 들고

푸른 하늘, 푸른 바람, 푸른 길 받아들이던
그 가을날 가리라

가을 이야기 91-1

가을나비는
기우뚱
기우뚱 난다

지나간
파란 하늘에는
빨간 물감이
듬뿍
듬뿍 떨어지고

누가 입맞춤했을까
벤치의 총각도
꼼지락
꼼지락 붉어 간다

가을 이야기 91-2

가을은 네 배다
한입에 네 개나 물고
터질 것 같은
석류알이다

발걸음도
기우뚱
기우뚱 걸어야 하는
누런 암소 뱃살이다

늙은 허수아비 기침 소리에도
무시 같은 하얀 젖가슴이
홍시 같은 붉은 입술이
호박 같은 엉덩이가 쏟아질 판이다

가을 이야기 92-1

북으로 트인 창을
나는
열어 놓겠습니다

가을에 오시마 하신
당신이
둥실
두둥실 들어오실 수 있도록
준비하겠습니다

당신을 기다려

우리 식구(食口)

단칸방에 삽니다

즐겁게 삽니다

가을 이야기 92-2

하늘이
살랑
살랑
노랗게 물든다

실바람에
툭
툭
노란 즐거움이 번져 간다

아, 하나님
이 가을날에 당신을 향한
그리움이 있습니다

가을 이야기 92-3

가을이 갑니다
빈 들에는
지친 연기가 흩어지고
벗은 가슴에
남은 잎 하나, 둘 스러집니다

당신으로 부풀었던 세상
다시 찾아온 북풍에
하나, 둘 단추를 잠그기 시작합니다

모두가 떠나 버린 빈 들에
나는 나갔습니다
그래도
당신의 오심이 그리웠습니다

가을 이야기 93-1

당신으로 감사합니다
오시지 아니한다 할지라도
당신을 바라는
그 설레임만으로도
충만합니다

가을 이야기 93-2

우리는 양산을 쓰지 않습니다
당신이 받으셨던
그 십자가를 기억하기 때문입니다

우리는 양산을 쓰지 않습니다
당신이 받으셨던
그 멸시를 기억하기 때문입니다

기다렸던 당신의 사랑이
수숫대를 빨갛게 물들이는
아픔임을 알았기 때문입니다

열매가 열매 되게 하는 이때
어린 나를 당신 닮게 하옵소서

가을 이야기 93-3

당신은 항상 있었고
떠난 적이 없지만
나는
매일 기다렸습니다

가을 이야기 93-4

붉은 피로 추락하는

너 하나, 나 하나

너 둘, 나 둘

너마저 지고 나면 벌거벗은 뼈로 남으리

11월의 마지막 날

아직도 뜨거운 네 숨결을 책장에 박고

긴 그리움을 시작한다

가을 이야기 94-1

불쑥 날아든
노란나비 한 마리
가을을 이고 왔습니다

내가 불러들였는지
나비 등을 타고 불려 나갔는지
올해는
꼭 물어야겠습니다

겨울의 장미를 노래함

아, 님아
마디마디마다 겨울을 이고
위태위태하게 섰구나
차라리 나무라면 의연할 것을
차라리 풀이라면
훨- 훨- 털어 버릴 것을
무엇이 그렇게 서러워
깊은 겨울에 시퍼런 입술로 섰느냐

그래도
님이 오신다는 소문은 믿었나 보구나

가덕도기도원 가는 길

가덕도기도원 가는 길은
첩첩수중이다
날이 갈수록 혼탁해 가는 낙동강
마치 내 속의 거울인 양
비아냥거리는 용원 앞바다

가덕도기도원 가는 길은
인생 박물관이다
시커먼 갯벌에
기념비인 양 박재된 난파선
시퍼런 독기로 뿌리박은 이끼

그래 내가 죄인이다

저 소나무가 무슨 죄가 있으랴
자기 생명을 나누어 주는 것을
저 난파선이 무슨 죄가 있으랴
자기 할 일을 다하고
깊은 쉼에 들어간 것을
저 바다가 무슨 죄가 있으랴
자기 가슴을 열고
길을 내어 주고 또 내어 주는 것을

가득도기도원 가는 길에

흰 구름이 따라나섰다

푸른 하늘이 따라나섰다

좁은 길, 굽은 길 올라가는데

하얗게 흩어지는 갈매기 속으로

아, 그리운 님의 향기 덮쳐 오네

임종을 위한 기도

주님

그때에는 주님의 사랑으로 가득하게 하소서
누군가를 더 기다려야 할 그리움이 없게 하시고
천상까지 이어 갈 못다 한 사랑도 없게 하소서

주님

그때에는 주님의 평화로 가득하게 하소서
누군가에게 용서를 구해야 할 남은 짐들이 없게 하시고
유언을 남겨야 할 또 다른 계획도 없게 하소서

주님

그때에는 주님의 은총으로 가득하게 하소서
누군가에게 도움을 구해야 할 가난이 없게 하시고
참을 수 없는 질병의 고통도 없게 하소서

주님

그때에는 주님의 견인으로 가득하게 하소서
누군가에게 거짓된 진리로 유혹되지 않게 하시고
그날 거룩한 천사들과 함께 주님의 나라에 들어가게 하소서

아멘

어떤 기쁨

흰 구름은 희게 보이고
파란 하늘은 파랗게 보이고
초록나무는 초록으로 보이는 오늘

예천 호명 길 위에서 기쁨을 만나다

사랑하다 죽으리라

먼 훗날 그대가 물으시면
사랑하노라 바빴다 하리라
어떤 때는 가슴이 아파
펑펑 울었다 하리라
그래도 다하지 못한 세월이 흐른 뒤
부끄러운 억지를 부리리라
나는 너를 사랑했노라고

할아버지의 기도

나의 하나님
나를 복 주신 하나님
전쟁을 만나지 않고
배고픔을 만나지 않고
강도를 만나지 않고
아름다운 시절에 살게 하심을 감사합니다
파란 하늘이 있고
초록의 땅이 있고
푸른 바다가 있고
아름다운 시절에 살게 하심을 감사합니다
씨를 뿌리는 봄이 있고
곡식이 자라는 여름이 있고
추수하는 가을이 있고

안식하는 겨울이 있고

아름다운 시절에 살게 하심을 감사합니다

나의 하나님

나를 복 주신 하나님

우리 라현이가 살아갈 세상도 아름답게 하소서

하늘이 새를 걱정하지 않게 하시고

새가 하늘을 걱정하지 않게 하소서

땅이 곡식을 걱정하지 않게 하시고

곡식이 땅을 걱정하지 않게 하소서

물이 물고기를 걱정하지 않게 하시고

물고기가 물을 걱정하지 않게 하소서

지구가 별을 걱정하지 않듯이

별이 지구를 걱정하지 않는 세상에서 살게 하소서

마을 구석구석의 바람이 불어온다
오늘도 누가 어떻게 살아가는지
다 낡은 진열대 사이사이에
먼지처럼 차곡차곡 쌓아 놓는다

4부

바람이 사는 마을

2018
Hajonghuk

바람이 사는 마을 1-김씨

결국 무연고자로 한 줌 재로 돌아갔다
70대인 김씨가 아끼고 아껴서 남긴 통장의 천 만 원은
가족에 대한 작은 미안함도 되지 못하고
누군가를 위한 후원금으로 기증되었다
대구광역시 중구 국채보상로 93길
부촌여관 103호실
두 평 방에서
영원히 잠든 김씨의 사망은
다음 날 점심때
옆방 최씨가 119에 신고하였고
살아서는 김씨 자신도 알지 못했던
아들과 딸들에게

그 통장의 잔액과 함께 신속하게 전해졌다
그러나 그들은 시신 보기를 거부했다
그러나 그들은 시신 인수를 거부했다
마지막 사죄였을지도 모를 그 천만 원
그 돈 역시 거부당했다
바람이 사는 마을 기초생활수급자 김씨는
20년을 혼자 살았고
돌아오지 못할 먼 길도 혼자 떠났다

바람이 사는 마을 2-박씨

다행입니다
고통 없이 단번에 갔으니 그것도 복이죠
30일 중 28일을 술로 살았던 남자
저 인간 누가 안 잡아가나
손가락질 받았던 72세 박씨
머리에 도장 같은 자국을 남기고 갔다
경찰이 오고
과학수사대가 오고
많은 이웃들이 불려 갔다
수사가 계속되는 동안 부촌여관은
박씨가 남긴 냄새로 쌓여 갔다
박씨가 어떻게 살았는지
박씨가 누구를 만났는지

박씨 말년의 등장인물을 찾았다

마당발 감씨는

경찰서까지 가서 조사를 받고

정부에서 교통비로 주는 돈

2만 6천 원을 통장으로 받았다

모두가 박씨에 대해서 알았던 것은

회복 불능의 폐렴을 가졌음

30일 중 28일은 술에 절어 살았음

가족은 본 적도 들은 적도 없음

이것이 전부였다

이제 그는 아프지 않을까

이제 그는 소주 없이도 잠들 수 있을까

아무에게도 알리지 않고

아무도 모르게
한 줌 바람으로 돌아갔으니
바람이 사는 마을 부촌여관 102호 박씨는
두 평 방에서 술에 취해 넘어졌고
넘어지면서 머리를 찍혀 사망했다
8일 후 진동하는 냄새를 좇아 문을 딴
107호 감씨가 발견하고 119에 신고했다

바람이 사는 마을 3-감씨

웃기는 사람이야
내가 지 좋아서 찌개 끓여 준 줄 착각하나 봐
날마다 깡술 처먹는 인생이 불쌍해서 그랬지
부촌여관 107호실에 자리 잡고
건당 3만 원 손님을 받는 감씨는
경북 점촌이 고향이란다
나이는 50대 후반쯤 됐을까
수원에서 양주를 밤새 마시고
병원 응급실에 실려 가
배를 째고 살았다는 아가씨 시절
사업하는 동생에게 몽땅 빌려주고
부도나는 바람에 거지가 되었단다
싱거운 사람들인지

진심인지 이 동네 남자들은
이 사람도 저 사람도 감씨를
자기 애인이라고 한다
오해받지 않으려면 모르는 척해야 하는데
술 취해 골목에 쓰러져 있는 남자도
객사할까 싶어서 감씨가 챙긴다
술 취해 멱살잡이 하는 남자도
경찰이 뜨기 전에 감씨가 말린다
명절에 방콕 하는 남자도
지짐 부쳐서 감씨가 방문한다
해 줘도 고마운 줄 모른다며 욕하면서도
슈퍼 연탄난로 따뜻한 물 받아서
이씨에게 달려간다

누가 자기 빚 3천만 원 갚아 주면
금방이라도 따라나설 것 같은 감씨

바람이 사는 마을 4-대근슈퍼

김씨가 안 보이던데
그러게요 나도 못 봤습니다 방에도 없고
김씨요 빨래 늘어놓고 나갔습니다
밖에서 안주도 없이
소주 두 병째 마시고 있는 최씨
안에서 찐만두 점심 삼아
소주 한 병 비우고 있는 박씨
다른 라면으로 바꾸고
100원 거슬러 가는 이씨 아줌마
밖에도 안에도
흔한 파라솔테이블, 의자 하나 없지만
밖은 밖대로 안은 안대로
그럭저럭 퍼지고 앉은 따스한 일요일 오후

부촌여관 현관과 마주 보는 대근슈퍼
바람이 사는 마을에 하나 있는
생필품을 파는 마트다
술을 마시는 술집이다
종종 끼니를 해결하는 식당이다
다들 비싸다고 하지만
김씨가, 이씨가, 최씨가
하늘 아래에서
외상을 달고 먹을 수 있는 유일한 곳이다
어두컴컴한 모서리 소주 박스에 걸터앉아 컵라면이라도 먹고 있으면
마을 구석구석의 바람이 불어온다
오늘도 누가 어떻게 살아가는지

다 낡은 진열대 사이사이에

먼지처럼 차곡차곡 쌓아 놓는다

바람이 사는 마을 5–이씨

5백만 원 빌리고 사라졌어요
카드만 결재시키고 사람을 찾을 수가 없어요
당뇨가 있으면서 과자 먹고 콜라 마시고
걷기는 죽어라 싫어해요
여러 사람 속 터지게 만들어 놓고
6개월째 보이지 않는다
주인은 밀린 방세가 걱정되어
감씨는 카드로 결재해 준 냄비라도 찾기 위해
열쇠기술자를 불렀다
딸 하나, 아들 하나가 있다고 했지만
한 번도 확인된 바는 없다
여기저기 돈 빌려 쓰고 숨어 다니는
하루에 담배 서너 갑은 피워 대는

당뇨로 약은 먹지만 관리는 안 하는
무슨 생각으로 사는지 답답한 인간의 방이 억세게 열렸다
죽은 지 8일 정도입니다
팬티도 없이 냉장고에 기대고
밑이 헐은 것으로 보아서
많이 가려웠나 봅니다
숨어 다니다가 어느 야밤
주인 몰래 들어와 소리 없이 살다가
약 떨어지고 긁다가 긁다가
63세 이씨는 영원히 도망쳐 버렸다
그리고 이씨의 언니와 남동생, 조카들이 오고
이씨의 유품들은

요양원에서 죽은 사람의 물건이 되어

150만 원에 치워졌다

바람이 사는 마을 6-무명씨

무엇을 팔았을까
할머니 연세가 얼마나 되셨나요
자제분은 안 계신가요
입안에서 맴도는 질문들
80은 됐을까
90도가 넘는 굽은 등
흔들리는 손
아무것도 묻지 않았다
할머니의 영역에 들어가지도 않았다
키만 한 카트 위 나무상자에
2탄짜리 연탄화로 1개
포개진 플라스틱 의자 8개
목욕탕 앉은뱅이 의자 1개

불룩한 마대 1개
무엇을 팔았을까
날뫼공원 느티나무 아래
사장님이 흔적을 지운다
밥솥 운전을 해 본 경험상 저것은
6-7인용 전기밥솥 속이다
수돗물을 받아와 까만 재를 쫓고
빗자루로 싹싹_
지우고 싶은 것이 저것뿐일까
기우뚱하는 상한 걸음이 무겁다
80평생 김밥을 팔아 모은 돈을 대학장학금으
로 기부했다는 그런 분일까
시장에 좌판을 깔고 닥치는 대로 팔아

자녀를 키우고 공부시키고 결혼시킨

그런 분일까

아니면

정말 아니면

비산동 날뫼공원 밤 9시 21분

카트에 매달려 공원을 벗어나는

주인장 목소리가 생각보다 쩡쩡하다

바람이 사는 마을 7-무명씨

우리 마트가 시작할 때부터 20년입니다 70은 넘었을 겁니다

빈 박스를 챙기고 바깥 청소를 해 줍니다 듣지도 말하지도 못하시는 분입니다

대구유통은 우리 동네에서 제일 큰 마트다
하루에 빈 박스가 얼마나 나올까
왼쪽 모퉁이 전봇대 아래 박스가 쌓이고
카트 주인은 점심때부터
저녁, 밤, 새벽이 올 때까지
박스를 챙긴다
박스와 논다
박스와 먹는다
박스와 산다

노동 시간이 너무 길어질 때면

라면 박스 두 개로

깔고

덮고

굽은 몸을 밀어 넣으면

사방이 조용한 침실이다

두 눈만 감으면 여기가 내 집이지

대구광역시 서구 비산1동 원고개시장

1번 전봇대 가로등 아래

6월의 어느 날

03시 15분

20년 독과점 사장님은

빈 박스를 들었다 놓았다

빈 마음을 놓았다 들었다

집에 가야 하는 나는

피곤하고 마음이 급하지만

카트 주인의 입가에는 잔잔한 미소가 있다

당뇨가 심해서 혹 쓰러지면 어쩌나 싶어서 일을 못하게 했습니다

그랬더니 3일을 가게 앞에 드러누워 워- 워- 했습니다

바람이 사는 마을 8-허씨

어르신 왜 혼자 계세요
할머니는 어디 가셨나요
현관 앞 누런 평상에
러닝 차림으로 혼자 계신다
어제도 오늘도 할머니가 보이지 않는다
그러고 보니까
최근에 따님이 자주 보이고
구의원을 몇 번 지내신 분이
아침에 할머니를 차로 종종 모시고 갔었지
할아버지는 평상에 앉아
먼 하늘을 물끄러미 바라보셨고
어머니가 치매가 있습니다
아버지가 힘들어하셔서 요양원에 보냈습니다

그리고 한 달이 지났을까
지나가다가 인사를 하면
손만 잠깐 흔드시던
할아버지가 보이지 않는다
평상 주인이 사라진 지 10일은 됐을까
우리 아버님요 돌아가셨습니다
폐암 진단을 받고 일주일 만에
아, 이럴 수가
누가 보아도 금실이 좋았던 두 분
누가 보아도 건강하셨던 두 분
할머니와 같이 60년을 사셨고
아들과 같이 30년을 사셨고
자부와 같이 10년을 사셨다

마지막 한 달을 다 같이 살지 못하시고

평상 주인이 아프다

바람이 사는 마을 9-오씨 1

치우지 마세요 차 세우지 마세요
한 바퀴, 두 바퀴 골목을 돌았다
구멍을 찾지 못한 나는
하얀 말 통 두 개를 조용히 치우고
꽁무니를 서서히 밀어 넣고 있었다
내 집, 내 주차장을 갖지 못한 나는
미안함과 용기와 기도와
복잡한 감정이 교차하면서
살금살금 꽁무니를 밀어 넣고 있었다
며칠 전에도 아저씨가 세웠죠
다시는 세우지 마세요
밤 10시 비산동 어느 골목
어느 할머니 집 앞 소방도로

오늘은 걸렸다

머리를 빼면서 생각한다

더러워서 머리에 이고 있어야겠다

월 화 수 목 금

그리고 토요일 일요일

하얀 말 통 두 개가 눈이 아프도록

낮으로 밤으로 빈자리를 지키고 있다

아들이 오지 않았다

가끔 아들이 오면 편하게 세울 수 있도록

어느 어머니의 역할이 무섭다

그 집 앞을 지날 때마다 나는

선량한 이웃이 되지 못하고

눈총 받는 자로 뚝 떨어지고 만다

바람이 사는 마을 10-오씨 2

창란젓 하나, 무말랭이 하나
깻잎김치 하나 주세요
30개가 나란하게 유혹하는 것 중에서
3개를 1만 원에 샀다
원고개시장 제일 높은 곳에 있는
광장반찬가게
일찍 문을 닫는 시간을 맞추느라
퇴근하자마자 서둘렀다
아줌마가 반갑기도 하고
입맛에 맞기도 하고
3년째 단골이다
이 정도면 보름은 먹겠다
반찬 3개에 포만해져서 기분이 좋아진 오씨

혼밥을 먹고 혼술을 마시고 혼잠을 잔다
그래도 죽을 때는 이웃이 있어
금방 발견되기를 소원하는 50대 아저씨
냉장고 문을 연다
오늘 아침에는 무엇을 먹을까
1식 2찬을 하는 오씨의 선택이 길어지면서
스물스물 밀려오는 흔들림, 아픔, 그리움
아, 짜고 매운 것만 골라왔구나
6남매의 가난한 어머니가
반찬을 하시면서 늘 하시던 그 말씀
짜야 오래 먹는다

바람이 사는 마을 11-오씨 3

아침부터 바쁘시네요 일이 많은가 봅니다
네, 일은 많아요 돈이 안 돼서 재미는 없어요
오다가 가다가 종종 만나는 이웃집 아주머니
20만 원 월세 점포를 같이 얻어서
공업용 미싱을 돌리는 사장님은 타월을
자기는 공장에서 내려온 물건을 조립한다
일인 사장이지만
아침, 저녁 출퇴근이 너무 정확하다
그래서일까
오씨는 오늘도 버릇처럼
마음속에 품어 왔던 이야기를 되뇌인다
사장님 제가 삼 일 동안 보이지 않으면
우리 집 쾅쾅쾅 두드려 줄래요

특별히 잘 산 것도
특별히 못 산 것도 없는 오씨는
고독사가 싫다
냄새 풀풀 풍기면서 발견되기가 싫다
53세, 고향은 창원이고 대구가 10년째다
돈벌이도 나쁘지 않고
건강도 특별히 나쁘지 않지만
혼자 사는 남자는
더 빨리, 더 쉽게 죽기라도 하듯이
하룻밤, 하룻밤을 보내면서
죽을 수도 있다는 생각을 떨쳐 버리지 못한다
지금도 충분히 사라짐 속에 사는 오씨
마지막 하나 남은 사라짐을

바닥 끝까지 드러내며

날려 버리고 싶지 않은 것이다

바람이 사는 마을 12-순자씨

짐은 다 쌌나요 어디로 가시게요
네, 네에
리어카에 가득 실었다
불룩한 솥단지 위로 밧줄이 지나는 것도 잊지
않았다
십 년은 살았을까
배관기술자 70대 박씨가
50대 순자씨를 데리고 살았다
1층 벽돌집 대문 앞에
낡은 배관용 자재와
고물을 가득 실은
1톤 트럭이 보름째 서 있었고
어느 날 박씨 아들이 찾아왔다

그리고 트럭도 집도 비워졌다

순자씨는 어디로 간답니까

누가 데리고 가지는 않나요

저 아래 어디 방을 구했다 하더만

누가 데려가겠어 모자라는 여잔데

아랫집에 사시는 할아버지가

먼 하늘을 바라보시며 더 이상 말이 없다

혼인 신고도 자식들의 인정도

재산 분배도 없이 살다가

박씨가 횡사하고

폐가 같은 낡은 집에서 쫓겨났다

바람이 사는 마을 13-덕자씨

열쇠는 하나 안 받았나요

아뇨, 있어요

102호 초인종을

한 번, 두 번, 세 번 누르다가 돌아서는 덕자씨

말끝을 흐린다

보아하니 오늘은 실패다

그 사랑 보아주기 참 어렵다

술 냄새 술술 풍기며 초저녁에 왔다가

남들이 출근하는 아침에

새색시처럼 한 손으로 얼굴을 가리고

또 한 손으로 철대문 소리 나지 않게

살며시 닫는 덕자씨는 마흔일곱

해 떨어지는 북비산로타리 벤치를 끼고

사내들과 소주잔이 오고가는

비틀거림 속에서

필요한 모든 것을 읽었다 싶었는데

보이지 않는 곳에서 결정권을 행사하는

독거남 박씨가 오늘따라 매정타

다음에 만나게 되면

몇 마디 더 물어보아야겠다

덕자씨는 어쩌다

바람이 사는 마을 주민이 되었을까

바람이 사는 마을 14-오씨 4

퇴근이다
집까지는 54분
운전대를 잡고 블루투스를 귀에 꽂는다
10분, 20분
딱 잡히지 않고 새어 나가는 이름들
어떻게 지내는 걸까
한 번쯤 나를 따뜻하게 기억해 줄까
어느새 우리 사이에
아니 추억하는 내 그리움 앞에
못났고 부끄럽고 가난하고 서운하고
담들이 많다
두근거림, 한줄기 미소로 출발했던
블루투스 on

오늘도

사라토미의 바이올린 연주곡

반복 듣기로 집까지 왔다

동그라미 그리려다 무심코 그린 얼굴

바람이 사는 마을 15-오씨 5

누가 오겠습니까
10년을 소주로 거리에서 혼자 살았습니다
조용히 화장해서
어머니, 아버지 옆에 묻는 게 좋겠습니다
육 남매 제일 큰형님이 돌아가셨다
거리의 벤치에서 내려와
땅바닥에서 얼마나 잤을까
오후 늦게 누님에게 신고가 들어갔고
누님은 119를 불러 병원으로 가는 중에
동생들에게 문자를 날렸다
형님 죽었다
62세의 큰형님은
오고가는 사람들이 지켜보도록

맑은 날, 지귀시장 입구 공원 벤치에서
두 번 다시 돌아오지 못하게
하늘 끝까지 세상을 던져 버렸다
객사 딱지가 붙어 사망진단서가 밤늦게 나왔다
둘째 날 일찍 제일 작은 식장을 잡고
도착하지 못한 아들을 뒤로하고
형제들이 까만 상복을 입고 자리를 지켰다
친척 아홉 분이 오고가는 사이에 해가 떨어지고
큰형님 상리 계군 18명
누님 아시는 분 10명
작은형님 상리 계군 12명
남동생 상리 계군 15명
친척 15명

큰형님 거리 친구 3명
언제 이렇게 많이 뿌렸나
나를 봐도 뿌린 대로 거둔다는 말이 틀림없는데
다들 참 많이 사랑하고 왔구나
살아서는 듣지 못하고
화장터로 가면서 고맙습니다 소리를 들은
큰형님이 끝까지 선물을 남겼다
따뜻한 밥 한 끼 차려 준 적 없는
형수에게는 사망보험금을
아팠던 부모님 대신
징그럽게 빨아먹었던 동생들에게는
남은 조의금을

후기

그때 가입했던 동아리가 부산대학교 숨소리 문학회였다. 신입생 숙제로 공대생이 첫 시를 쓰게 되었고 문학을 전공하시는 선배들로부터 칭찬을 받았다. 그 시가 「타지에 갔다가」였다. 그로부터 30여 년이 흘렀다. 여러 모양으로 종종 시를 지었고 마음에는 있었지만 실행으로 옮기지 못한 그 일을 드디어 시작하게 되었다.

제목은 무엇으로 할까? 지난 30여 년 동안 날짜를 적어서 모아 둔 컴퓨터 파일에는 「버스를 타고」로 되어 있다. 어머님에 대한 죄송함과 그리움이다.

시집 제목으로 「님의 침묵」을 뽑았다. 한용운 선생님의 「님의 침묵」에 살짝 기대는 반칙일 수도 있겠다는 생각도 했다. 나의 「님의 침묵」은 지금도 여전히 아프다. 얼마를 더 가야 「님의 침묵」이 끝나게 될지 몰라 마음에 더 깊이 새기는 의미로 제목 삼는 게 좋겠다 싶었다.

두 번째 교정을 거치면서 「바람이 사는 마을」로 정했다. 독자가 어떤 시를 좀 더 마음 깊게 읽어 주면 좋을까? 감씨, 이씨, 박씨, 오씨, 덕자씨, 김씨, 부촌여관, 대근슈퍼, 무명씨. 우리가 작은 이웃이 되어 잠깐이라도 같이 고민해 보았으면 좋겠다 싶었다.

세 번째 교정을 거치면서 「아버님 전상서」로 정했다. 두 번, 세 번 시집을 낼 수 있다면 다른 제목으로 하겠지만 이것이 처음이자 마지막일 것이라고 생각하는 나는 아버님에게 진 사랑과 빚의 무게를 이겨 낼 수가 없었다.

지난 20여 년 동안 하지 못한 일. 이제야 시작하는 이유 중 첫째는, 주머니 사정이 좀 나아져서이고 둘째는, 마산고등학교 44회 친구들 덕분이다. 종종 밴드에 올렸던 내 시에 많이 공감해 주고 칭찬해 줘서 용기를 얻었다.

모두가 고맙다.

2020년 1월